A L'AUTEUR ANONYME

D'UN ARTICLE INTITULÉ

ESQUISSES,

DU CONSTITUTIONNEL,

DU 26 FÉVRIER 1821.

J'AI lu, Monsieur, dans *le Constitutionnel* du 26 février, une peinture, sous le nom d'esquisses, d'un certain faubourg de cette capitale qui ne paroît pas avoir trouvé grâce à vos yeux. L'attaque provoque la défense; naît ensuite un peu de scandale, et nous serions tentés de croire que cela ne déplaît pas à tout le monde. Le 27 s'est passé, et nous n'avons pas vu qu'aucun journal ait répondu et ramassé le gant jeté d'une main fière et mal déguisée sous l'anonyme. On voudroit reconnoître un ingénieux auteur d'une comédie célèbre, qui fut aussi dans son temps un objet de contradiction. Pour moi, je voudrois le croire pour l'honneur du combat et la consolation de ma défaite : on diroit que je suis tombé après avoir beaucoup osé ; car, dans l'affaire qui m'occupe, la forme pourroit bien emporter le fond. La Vérité toute nue trouva, comme vous savez bien, peu d'adorateurs : elle étoit si belle pourtant ! Faudroit-il donc voiler ce qu'il y a de plus beau ? y auroit-il donc de l'adresse à être coquette ? car nous savons que Galatée, qui fuyoit derrière les saules, étoit bien sûre de n'avoir pas en vain jeté la pomme, ne désiroit pas en vain avoir été vue.

Ah ! Monsieur, qu'il est doux d'être nommé par tout le monde, sans avoir mis son nom au bas de ses écrits ! Je vis peut-être dans l'illusion d'une confiance présomptueuse ; je n'aurai peut-être combattu qu'un des écuyers, qu'un des pages de l'illustre chevalier qui soutient, envers et contre tous, que sa dame, que tout le monde a déjà nommée, est la plus belle de toutes : il lui suffiroit, pour établir sa gloire, d'avoir détruit la nôtre ; et le faubourg Saint-Honoré seroit le siége de la vertu et le séjour des grâces, si le faubourg Saint-Germain pleuroit son honneur flétri et ses salons délaissés. Dans le siècle où nous vivons,

La valeur n'attend pas le nombre des années ;

on prêche sans mission, on se produit sans

titre. Mon adversaire au moins ne me reprochera pas le nom que je lui suppose. Un grand maître, dût son école n'avoir pas toujours été pure, n'inspire pas moins à ses élèves le désir d'être pris pour lui. On peut blâmer l'Albane, et ne pas trouver sa couleur bien vraie; mais on eût aimé toujours à être pris pour l'Albane. Pour moi, je me sauverai par mon obscurité; et, en vérité, je dois l'explication d'un mot trop orgueilleux échappé à ma plume. J'ai dit notre faubourg : ah! Monsieur, j'ai dit trop; je n'ai pas dit vrai, et vous savez que le vrai seul est aimable. Vous ne renoncez sans doute pas, Monsieur, à aimer un adversaire modeste, et vous ne pourriez aimer ce qui ne seroit pas vrai. Vous me battrez peut-être, Monsieur; vous me confondrez par vos raisons, si vous daignez répliquer : mais aimez-moi au moins un peu, quand ce ne seroit que pour la rareté du fait. C'est, je crois, le secret de dire quelque chose de nouveau. Pardonnez mon audace; il y a bien de la témérité à prétendre vous apprendre quelque chose.

Vous paroissez si en colère contre toutes les personnes à qui la Charte a fait la triste restitution de ces titres de comtes et de marquis, dont ils ne peuvent se défaire, et dont ils ne savent que faire; je me hâte de vous dire que je ne suis ni comte ni marquis, ni fils de comte ou de marquis. Vous devez être maintenant plus à votre aise; vous devez respirer plus facilement devant le fils d'un obscur provincial, dont le nom n'est pas plus long que le vôtre, qui peut parler de sa terre comme vous de la vôtre, qui possède la faculté d'être élu député lorsque vous êtes en possession de la chose. J'ai parlé seulement de mon père; car, pour moi, je suis encore bien loin de cet âge auguste où l'on peut dire, au nom de la patrie, tout ce que l'on pense, voire même ce qu'on ne pense pas. Je n'ai pas manqué de charité, Monsieur, n'est-ce pas? Vous ne voudriez pas me démentir; vous trouveriez quelque meilleure excuse. La charité est ingénieuse, et j'espère qu'il sortira de certaines bouches des désaveux qui ne seront pas moins nobles, moins éloquens, moins sages que beaucoup de propositions dont nous ne pourrions louer que l'intention; mais nous la louons de grand cœur, et nous répétons qu'elle n'est pas moins noble, moins sage qu'elle n'est éloquemment exprimée.

Mais, Monsieur, que nous nous écartons du but! Nous voilà à la Chambre des Députés, où il ne m'est pas donné d'être conseiller, où il est fort difficile d'être auditeur. Revenons à vous, à votre esquisse. Le titre est modeste, et, en vérité, on eût passé à l'auteur des *Deux Gendres* le nom de peinture et de tableau : le pinceau, en certaines mains, donne aux premiers traits une couleur que les tâtonnemens de la médiocrité ne peuvent égaler. Vous aviez pris avec le public, avec celui des lecteurs, dans cette république des lettres qui vous compte parmi ses chefs ; vous aviez pris, dis-je, de doux engagemens : quel charme n'avoit pas sous votre plume la peinture d'une fausse philanthropie ! Ce n'étoit pas le faubourg aujourd'hui réprouvé qui étoit le lieu de la scène : vous n'y eussiez cherché alors que l'image de cette charité que vous saviez louer, et les exemples ne vous eussent pas manqué. C'étoit dans un autre quartier, si nous avons bien deviné votre intention, que vous aviez placé l'hypocrisie d'une philanthropie économique, qui s'exerçoit et cherchoit sa gloire dans la diminution plutôt que dans l'augmentation des sucs nourriciers de ses soupes, de celles même de ses heureux domestiques. Voyez, Monsieur, ce que c'est que des bonnes pensées exprimées en beaux vers : vous êtes devenu proverbe. Soyez un peu, pour le dire en passant, plus indulgent pour d'anciens proverbes, si jamais on pouvoit encore s'oublier jusqu'au point de les rappeler dans le temple de votre sagesse. Il y auroit de l'intolérance à les rejeter, parce qu'ils sont d'une autre religion. La jeunesse philosophique ne doit-elle pas quelque respect à leur vieillesse? d'autres diroient quelque reconnoissance; mais moi, Monsieur, je ne suis pas encore d'âge à croire, moins encore à dire qu'un philosophe peut manquer de reconnoissance. Je demande grâce humblement pour mes premiers maîtres; je n'ai pas encore eu le temps d'en avoir d'autres. Vous devez bien le voir à toutes ces digressions qui ne sont pas d'un homme qui connoisse la règle de l'unité : on sait mieux, à votre école, marcher et se hâter d'arriver à l'événement; on ne perd jamais de vue le but, on sait y revenir toujours : on ne dira plus que paroître s'écarter de la question, est une pétition de principe. Toutes vos pétitions ont bien vos principes, et vous savez les ramener toutes à votre objet. Il doit être bien important, puisqu'il occupe si fortement tant de bons esprits, qui ont prouvé, en d'autres temps, qu'ils pouvoient dire de bien bonnes choses.

Nous vous devons de n'avoir plus de faux philanthropes; et, en vérité, les pauvres que nous aurons toujours avec nous vous auront quelque obligation. Nous pensions, depuis Molière, n'avoir plus de faux dévots, et voilà que vous nous en révélez. Ah! Monsieur, puisqu'il vous a été donné d'avoir tant de perspicacité, daignez nous révéler aussi ce qu'on gagne à être dévot. Il ne s'agit ici que du monde, car vous avez effacé de vos codes le nom de Dieu même, et vous trouvez que le monde peut fort bien aller sans lui. Dites-nous donc, vous, Monsieur, qui savez tant de choses, pourquoi on est aujourd'hui dévot? Nous savons pourquoi, on étoit philosophe : le nom commence à vieillir un peu; mais on se fait libéral.

Aujourd'hui, dans Paris, on en fait un métier.

Que n'ai-je une meilleure mémoire, et ce vers qui est de vous ne resteroit pas seul! Que ne trouverai-je pas dans l'ancienne justesse d'un esprit fécond qui embellissoit tout ce qu'il avoit touché! Ne reniez pas ce mot d'ancienne justesse : n'est-ce pas à une ancienne école que vous avez appris l'art de nous plaire en des vers qui paroîtront toujours nouveaux?

Mais je ne puis vous tenir quitte. Il faut absolument que vous nous disiez pourquoi on se feroit aujourd'hui dévot, en dépit de la nature qui ne nous y porte guères; en est-on plus cher à certain parti, voit-on des courriers secrets traverser toute la France, pour porter dans vingt départemens l'ordre d'une élection qui doit sauver toute la France? Des banquiers achètent-ils des terres à des dévots orateurs que la patrie ne compteroit pas parmi ses éligibles enfans? Suffit-il d'être dévot pour être cru dans un temps, malgré ce qu'on a dit dans un autre, pour avoir de l'esprit contre la nature, de la créance contre la vérité ? Beaucoup de gens cherchent, comme vous savez, le chemin de la fortune; et le masque de la dévotion ne seroit pas plus incommode qu'un autre à porter, s'il devoit nous servir de passeport pour gagner certaine tribune, parvenir à certains ministères, objets secrets des vœux de bien des gens qui n'aiment pas les ministres.

Nous avons un Roi que l'on pourroit louer d'une juste et sage dévotion, si l'on s'avisoit de nos jours de louer un homme de ce mérite-là; nous ne voyons pas qu'il ait des préférences marquées pour ceux qu'il sait être dévoués à leur Dieu comme à leur Prince; car vous n'ignorez pas que dévotion et dévouement sont synonymes. On aime qui nous ressemble; et un Roi dévoué au culte sincère et pur du Roi des cieux, au bien de ses sujets qu'il sait être ses enfans; un tel Roi ne peut qu'aimer ceux qui sont dévoués à le servir pour l'amour du Dieu qu'il sert lui-même parce qu'il l'aime. Mais ce Roi réparateur désiré de la France, cherche la brebis égarée, accueille l'enfant prodigue, et semble avoir même plus de tendresse pour lui que pour l'enfant toujours fidèle. Qui lui reprocheroit le secret d'une politique puisée dans le sein même de la vérité et de la bénignité de celui qui devoit réparer la société ?

Mais je m'aperçois trop tard que j'ai parlé un langage qu'on ne veut plus entendre ; et cependant on ne parle que pour se faire comprendre. Vous m'entendez, cela suffit ; et vous saurez que je ne comprends pas ce qu'on prétend se faire en se faisant faux dévot : on feroit de soi un être fort ridicule, au faubourg Saint-Germain comme à la chaussée d'Antin. Allez, Monsieur, quand bien même vous devriez avoir le douleureux spectacle de la résurrection de cette féodalité que vous croyez bien morte, à qui vous ne permettez de vivre que dans les regrets de nos ducs sans duchés, de nos marquises sans marquisats ; quand ce faubourg, maudit des hommes (vous lui accordez d'être béni de Dieu), devroit devenir les nouveaux états-généraux de la nation, croyez-moi, restez ce que vous êtes, oui, ce que vous êtes, Monsieur, dans le fond du cœur ; nous vous passerons, même dans la rue Saint-Dominique, d'entendre un peu moins de messes que vous ne supposez que tel duc n'en entend par jour ; nous vous croirons bon chrétien, sur votre parole et sans billet de confession; mais comme il faut entrer dans le ciel par la pénitence, nous vous imposerons celle de faire une comédie du faux libéral, après en avoir fait une du faux philanthrope. Vous prendrez tel titre que vous voudrez; vous choisirez dans tel auteur oublié que bon vous semblera; la république des lettres n'a jamais eu que des couronnes à donner à de tels plagiats; mais vous écrirez en bons vers, vous écrirez sans fiel; vous aimerez vos ennemis; l'amour est un grand maître, et je crois que vous nous aimiez un peu lorsque vous avez fait *les Deux Gendres*.

Me permettrez-vous, Monsieur, de vous faire une seconde visite; je n'ai encore parlé que d'une chose, et vous en avez traité beaucoup; vous avez parlé des abbés, des jeunes gens; et les uns comme les autres aiment assez qu'on s'occupe d'eux. Je ne fuis point les abbés, et la jeunesse est encore un peu mon affaire; vous avez parlé du jeu et des joueurs de ce faubourg. Il est d'usage de dater du lieu où l'on est; c'est ce qui me donne le droit de parler de ce quartier comme si j'avois l'honneur d'être du nombre des proscrits. Mais pour revenir au jeu, je vous dirai que je ne m'y connois pas plus que MM. les juges de cette capitale dont vous avez célébré l'heureuse et sage ignorance. Je crois que, sur ce point, il est par delà la Seine plus d'un lieu où je pourrois recevoir de graves et chères leçons; enfin, nous ne voulons rien perdre de tout ce qu'il vous a plu de nous faire connoître; peut-être même, en en parlant, l'apprendrons-nous à beaucoup de personnes qui ne le savoient pas, votre *Constiutionnel*, malgré son titre, qui pourroit être celui de tous nos journaux, n'est guère connu dans ce faubourg, que de nous autres, oisifs de cafés, qui le lisons en déjeunant, qui le montrons à nos amis lorsque nous avons cru y trouver votre nom.

La vérité donne de la confiance; et nous aimons à croire que tel est le principe de celle que vous étalez. On poursuit dans les songes de l'illusion l'ombre d'un ennemi avec la même ardeur qu'on auroit poursuivi sa personne. La nuit se passe, le songe se dissipe, on n'avoit combattu que des chimères, on est fatigué de ses chimériques efforts; mais on est encore fier d'avoir combattu, pour une patrie en idée, contre des ennemis fantastiques. Qui ne connoît les héroïques rêveries de ce héros de la Manche, qui s'endormit redresseur des torts de la société, et qui ne recouvra sa triste raison que pour passer dans les bras d'un autre sommeil qui ne devoit pas finir; mais c'étoit en Espagne, où les comédies même sont mêlées de tragique; en France, tout finit un peu plus gaiement, et votre réveil sera l'aurore d'un beau jour; oui, Monsieur, vous vous réveillerez, et nous espérons que vous voudrez bien nous le dire; en attendant, permettez-nous d'être fiers d'avoir rompu une lance avec vous, dussiez-vous nous avoir pris pour des géants sous la figure empruntée de moulins à vents. Il y avoit bien aussi des moulins dans la féodalité; fasse le Ciel qu'après avoir détruit la banalité, on nous laisse au moins la propriété de ceux que nous avons conservés.

C'est votre affaire, Monsieur le propriétaire éligible et élu : que n'employez-vous un peu le temps de votre élection à désabuser les esprits de certaines doctrines qui plaisent tant à ceux qui n'ont pas, et qui sans doute doivent déplaire à ceux qui ont? Déposons ici les armes sans lever la visière; le nom ne fait rien à la chose : sachez seulement que vous avez pour adversaire le meilleur de vos amis, le plus humble et le plus obéissant de vos serviteurs.

MONSIEUR,

Vous avez écrit dans un journal; je me proposois de vous répondre en un journal; mais voyez ce que c'est que l'inexpérience. Mon opuscule estau-delà des proportions fixées pour figurer dans les colonnes modestes d'une feuille journalière; qu'en faire maintenant? il est trop mince pour oser se produire tout seul au grand jour; il faut donc que je me hâte de lui donner une compagne, cette seconde lettre que je me proposois de vous écrire un peu plus à mon aise. Il est déjà bien tard; mais n'importe, il faut se hâter quand on répond à un journal : agréez donc, Monsieur, cette seconde épître, et permettez quelle corrobore un peu l'exiguité de la première. Malheur, vous le savez, à celui qui est seul! Nous n'aimons pas en France, il est vrai, les gros livres; mais quel nom donneroit-on à quelques misérables pages qui auroient la hardiesse de lever la tête parmi tant de théories, de systèmes, d'éditions si complètes qui ne se font pas lire plus vite pour être si compactes? Vous allez donc m'avoir tout entier et tout d'un coup; ce sera pour cette fois sans retour et sans seconde édition. Au moins y gagnerois-je de ne pas passer par les ciseaux de la censure; vous n'aimez pas sans doute cette censure? Trouvez-vous qu'elle enrichisse la république des lettres? Je crois que vous pourriez dire là-dessus d'aussi belles choses que sur les abbés du faubourg Saint-Germain; cela vous sieroit admirablement.

A propos d'abbés, je ne m'étois pas aperçu que c'étoit par eux que vous aviez commencé. Ce n'aura pas été en vain que vous aurez connu un peu l'ancien régime, où MM. du clergé avoient le pas sur la noblesse. Pardon, Monsieur, d'avoir interverti l'ordre que vous aviez si sagement gardé; convenez donc qu'on apprenoit encore de bonnes choses dans cet ancien régime, et cessez de tant vanter une jeunesse qui ne l'a pas connu. Voyez dans quelle ignorance je suis tombé pour n'avoir pas été nourri comme vous dans ces idées d'un ordre profondément combiné. Vous saviez que, dans la carrière de la persécution, dans cette carrière qui s'ouvre par les sarcasmes amers de la calomnie, le clergé devoit avoir l'honneur de supporter les premiers coups. Il m'étoit peut-être permis de l'oublier, à moi qui n'ai commencé à connoître le nom de prêtre que dans les nouvelles catacombes où la religion de mes pères s'étoit réfugiée. Qui a pu nous enseigner, depuis trente ans, que le clergé étoit le premier corps de l'Etat? Il est vrai qu'il avoit la dignité du malheur; j'aime à croire que vous ne lui enviez pas celle-là.

Il est une grâce que vous demande humblement le clergé et les gens qui ont encore la foiblesse de l'aimer, c'est de ne vous en plus occuper; laissez-lui le soin de rappeler à l'ordre ces abbés dont vous paroissez tant déplorer l'inutilité. Le zèle de la maison de Dieu vous consume; mais ce zèle doit être modéré par la science : sachez donc, pour votre consolation, que, même au faubourg Saint-Germain, le nombre de ces abbés inutiles et mondains est devenu fort petit; connoissez-vous beaucoup de bénéfices sans charges? Vous paroissez en connoître un d'une espèce nouvelle, qui est celui d'amuser des oreilles féminines dans les salons de nos douairières, et de prêcher l'amour du jeu aux gentilshomme, sous la condition de gagner des banquiers. Ah! Monsieur, si vous avez jamais rencontré un pareil docteur, vous lui faites trop d'honneur de l'appeler abbé.

Si vous êtes poussé d'un zèle que vous ne puissiez contenir contre les sinécures, que ne vous déchaînez-vous contre les commissions de censures établies pour réprimer la licence des journaux perturbateurs, et protéger les nobles travaux des écrivains du trône et de l'autel? Demandez-leur compte de leurs fonctions, demandez-leur la paix des consciences, et l'innocence de tant de jeunes gens qui lisent *le Constitutionnel* et *le Courrier*, et qui recueillent avidement un poison qui n'est pas moins mortel, pour être plus enveloppé. Que si nous sommes condamnés à soutenir d'inévitables combats, qu'on nous rende à tous la liberté, et que nous puissions tous avoir des organes fidèles et des interprètes sincères! Laissez, croyez moi, le clergé qui n'a guère de fonctionnaires sans fonctions, parcourez nos ministères, descendez à nos préfectures, voyez aussi, chemin faisant, nos sous-préfectures. Croyez-vous que nous ne puissions pas sans ministres administrer nos communes? Nos provinces ne se passeroient-elles pas bien de quelques préfets? et ne pourrions-nous pas passer sans que des sous-préfets signassent nos passeports? Hélas! tout passe; et je ne sais si nos préfets, après avoir tant passé d'un département à un autre, ne passeront pas eux-mêmes sans retour. C'est une belle chose qu'un nom de commandement et d'administration; mais quand on ne commande pas, quand on n'administre pas, quand d'autres commandent et administrent un peu au-dessous de vous, sans vous, malgré vous, je ne sais alors s'il ne vaudroit pas mieux se contenter du titre seul, ainsi que le font déjà bon nombre de ministres dont on s'est plutôt lassé qu'ils ne se sont lassés du ministère. Peut-être alors conviendroit il au moins de proportionner le bénéfice aux charges, et de n'être pas plus onéreux à l'Etat que ce bon abbé des salons du faubourg Saint-Germain ne l'est à l'Eglise.

Monsieur, la matière seroit bien ample si j'entreprenois de vous suivre pas à pas dans la carrière que vous avez parcourue : venger l'honneur de dames que vous avez traitées un peu légèrement; confirmer à des hommes la réputation de gens d'esprit, reputation que l'on ambitionne également sur les deux rives de la Seine; réparer les torts d'un noble habitant des bords de la Garonne dont vous me paroissez faire un sot en trois lettres; si j'ai bien compris ce que vous avez dit en plus de trois lignes, ce seroit plus d'ouvrage qu'à moi n'appartient d'entreprendre. Je ne suis pas de cette jeunesse studieuse qui trompe si délicieusement l'attente et les vœux de ses parens; je puis écrire une lettre, mais non faire un livre, encore moins un traité de morale à l'usage des Rois et des peuples. Je respecte ce qui est ancien, et je mets, jeune encore, ma gloire à rendre hommage à la vieillesse.

Je souhaite à mes jeunes contemporains une âme avide de connoître, ardente pour la gloire, un cœur qui batte vivement aux noms de Roi et de patrie ; je souhaite qu'ils enrichissent, par une culture assidue, leur esprit, si bien préparé, des trésors de Rome et d'Athènes ; qu'ils portent au sein de leurs familles les précieux fruits de leurs laborieuses veilles ; qu'ils montrent à nos provinces, à nos tribunaux, à nos camps, les mâles vertus des Thémistocle et des Fabius, l'éloquence des Démosthènes et des Cicéron, la politesse des Anacharsis et des Atticus. Mais qu'ils sachent bien que ce ne sont pas encore là les derniers et les plus utiles effets de ces lettres qui font l'homme : les fruits n'ont pas encore leur saveur, ni même leurs couleurs, signes et ornement de leur maturité. Qu'ils redoublent de courage : ils sont sur le chemin par lequel on monte à la vraie gloire, à celle qui vient de Dieu, et se rapporte à lui. Ils connoissent l'effet, ils connoîtront bientôt la cause ; et le moyen qui l'unit à l'effet se dévoilera à leur raison comme à leur foi. A des vertus républicaines, ils joindront la noble fierté d'un cœur qui ne veut obéir qu'à un Roi, lui-même soumis à un Dieu. L'histoire de leur patrie se présentera alors à leurs yeux dans toute sa majesté ; les autels des dieux de leur adolescence tomberont devant la grandeur de cet honneur français, devant les noms des Montmorency, des La Trémouille, des Duguesclin, des Clisson, des Bayard; devant l'éclat encore si vif des héros du grand siècle que leurs actions seules peuvent louer; enfin ils sentiront quel devoir impose ce nom de Français dont ils sont fiers, et ils apprendront qu'il ne peut être soutenu que par le nom de chrétien.

Voilà les vœux d'un de leurs frères aînés, qui, comme eux, a vécu dans l'Arcadie; qui, comme plusieurs d'entre eux, a cueilli des palmes glorieuses dans de nobles concours. Athlète émérite dans les jeux de leur studieuse émulation, il les suivra au moins d'un œil de tendresse, les animera de la voix et du geste; et si son cœur rencontre sous la candeur de leurs traits gràcieux l'image de l'innocence d'une âme pure, alors il n'aura pas désespéré de la patrie; la douceur et la modestie du jeune âge sont les plus sûrs gages du salut des Etats.

Nous avons parlé de l'adolescence, de ces riantes espérances des vertus naissantes, à l'ombre des bosquets du Lycée et des jardins de l'Académie; nous ne descendrons pas à de fades et insipides plaisanteries que nous ne pourrions combattre qu'avec des armes désormais émoussées. De quoi donc pourrons-nous encore parler ?

Nobles dames de l'illustre faubourg d'une cité royale, un homme qui ne vous connoît pas a voulu flétrir l'honneur de votre nom : recevrez-vous pour chevalier de vos vertus et de vos grâces un foible enfant d'une province où votre nom est cher, où l'on apprend à vous connoître, quand on nomme la piété d'une chrétienne des premiers temps, et la grâce d'une dame française? Si l'on pouvoit oublier vos vertus dans les lieux mêmes où vous vous plaisez tant à les exercer, ah ! venez dans nos provinces, qui ne vous voient jamais assez : rendez à des pays déshérités de leur gloire ancienne ce qu'ils avoient de plus cher; rendez à notre Normandie ses Harcourt et ses Matignon; que la Bretagne, si elle n'a plus ses Rieux et ses Kercado, conserve au moins ses Chateaubriand, ses Coilin; qu'elle garde ses La Bourdonnaye, qu'elle partagera avec une province dont le nom est noble, dont la fidélité a été constante! Et vous, illustres descendans des premiers ducs de l'Armorique, généreux princes de Rohan, apprenez que vos Bretons iront redemander votre sang jusqu'à vos plus arrière-neveux; et si jamais ils pouvoient être condamnés à vous perdre, ils honoreroient encore le souvenir de leurs Rohan dans une famille qui a soutenu dignement le poids de votre nom.

Il sera bien permis à un modeste descendant d'un écuyer du grand connétable qui a fait la gloire de la Bretagne et de la France, de relever l'éclat d'une province d'où sa famille a tiré l'honneur de ses obscurs, mais fidèles services. Je n'ai pas prétendu rappeler tous les noms que nos provinces ont conservés, que l'on oublie à Paris; nous en sommes jaloux, mais ce seroit pour les posséder : ici, c'est pour les détruire. J'ai nommé des Normands, des Bretons; je pourrois citer aussi des noms que le Poitou, le Périgord, la Marche, et toutes les provinces qui bordent la Garonne et la Charente répéteroient avec un juste orgueil. La Bourgogne, le Languedoc et la Provence, retrouveroient les descendans de leurs anciens sénéchaux, reconnoîtroient la bannière et la voix de leurs chefs. Si je n'ai pas nommé la maison des Montmorency, que puis-je, dans Paris, ajouter à la gloire de leur nom? Parlerois-je des Lévis devant le Languedoc, qui me répondroit par le titre de maréchal de la foi?

Revenez donc parmi nous, restes de notre chevalerie, dernières espérances de la patrie : quittez des lieux qui ne sont pas dignes de vous. Ne craignez point : ce n'est pas le langage de la flatterie qui vous parle; c'est celui d'une affection sincère, d'un respect filial, d'une juste reconnoissance. Vous êtes nos frères aînés : après notre Roi chéri, que vous nous apprenez à aimer, vous êtes nos pères. Vous avez combattu pour nous, avec nous. On a pu abolir le nom de nos provinces; mais le souvenir des hauts faits de vos ancêtres fera toujours l'entretien de nos veillées, l'orgueil de nos vieillards, le charme de notre enfance, l'exemple de notre jeunesse. Quelle partie de notre histoire ne nous présente pas le spectacle de votre valeur? Votre sang n'a-t-il pas teint les glaces de la Russie, comme il avoit inondé, sous les Godefroi et sous les Louis, les plaines brûlantes de la Judée et les rives du Nil? Nous vous connoissons, et mieux que ceux qui mentent à eux-mêmes en vous calomniant; nous savons que la gloire de notre patrie vous est chère. Elle a été votre ouvrage; voudriez-vous détruire l'ouvrage de vos mains?

Si ce n'est pas assez d'une juste admiration pour autoriser ma hardiesse, au moins la pardonnera-t-on au zèle d'une amitié qui n'est pas feinte. Enfans de cette chevalerie qui vivoit d'amitié et d'amour, pouvons-nous connoître, sous cette double bannière, des périls qui nous effraient, des sacrifices qui nous coûtent? C'est au pied de la croix du Sauveur des hommes que nous avons appris que la mort n'avoit plus d'aiguillon, que l'homme étoit consommé dans sa glorieuse régénération, lorsqu'il avoit recommandé une mère à un ami, à un frère; acquittons donc la dette de la fraternité, de l'amitié; et, fiers désormais d'avoir payé à la maternité de la plus noble partie du sexe créé pour être aimé du nôtre; fiers, dis-je, de lui avoir payé le tribut d'un respect filial et tendre, disons que, lorsque nous écrivions, une famille à laquelle nous appartenons par un doux nœud, et dont s'honore ce faubourg, étoit présente à notre esprit, devoit entendre notre voix, et n'eût pas abandonné notre délaissement. L'amertume d'une langue trompeuse se changeroit alors en douceur, si déjà nous ne pouvions dédaigner et rejeter le fiel qui se cacheroit sous les apparences d'un faux zèle. Ce n'est point là le langage d'une vaine mysticité; et ces paroles seront entendues de tout homme qui se connoîtra, qui aura assisté au spectacle de la vérité se montrant au monde. On la voit dans la famille, on la voit dans l'Etat: les croix de l'un ne font que recouvrir celles de l'autre: ici les mots ne changent pas les choses; et, chaque jour, chacun de nous supporte en réalité cette image auguste consacrée par le nom d'un Dieu, et confirmée par une religion qui lie et subjugue toutes les puissances de nos sens et de notre raison.

J'en ai dit assez pour les cœurs droits et sincères ; on n'écrit que pour ceux-là.

Etranger dans cette ville, qui est pour moi un lieu d'exil ; hôte de ce faubourg qui accueille tant de misères, devois-je méconnoître les droits de l'hospitalité, faire taire la voix de l'amitié, étouffer celle de la vérité ? Si d'autres eûssent parlé, je me fusse tu, leur silence sera ma justication, comme il a été mon autorité.

Monsieur, maintenant il me sera bien permis de revenir à vous ; je ne vous ai pas oublié ; mais il étoit temps de faire trève à des jeux qui ne sont admis que sous la condition d'être courts ; ce sera de ma fatigue, et non de l'accomplissement de l'ouvrage que je recevrai la loi de me taire. Le soleil ne se couchera pas deux fois sur ce foible et languissant travail d'un zèle pur et désintéressé. A peine si j'ai connu le plus petit nombre des personnes que j'ai louées ; et celles que j'ai nommées sont celles que je n'ai jamais vues. Placé dans cette haute médiocrité qui peut impunément conserver son indépendance, se donner et se refuser, se produire et se retirer, je ne reçois que de ma conscience l'ordre de parler ou d'écrire ; et mon cœur a gardé toute la fierté de la liberté, toute la tendresse de la charité. Si ce dernier nom vous choque, enseignez-moi un autre nom sous lequel on ait plus aimé les hommes, sous lequel on ait aimé ses ennemis.

Je n'étale pas ici une orgueilleuse présomption; ce ne sont pas des restrictions que j'apporte à l'effusion des sentimens qui ont conduit ma plume. Désormais, c'est pour la défense des grands qu'il y a de l'honneur a se montrer; et cet honneur est en raison du besoin de la société; c'est contre les ennemis si arrogans eux-mêmes, d'une arrogance trop reprochée, qu'il convient de garder la juste fierté d'une raison sévère.

La langueur de tant de nos provinces; la dissolution si rapide des liens de la société; la tristesse de notre jeunesse si prématurément fatiguée d'elle-même; le célibat involontaire des plus douces espérances de la postérité; les progrès désastreux de cette cupidité qui rend à un vil métal les hommages qui n'étoient dus qu'aux dons du cœur et de la nature; l'isolement et la solitude respective des générations qui se fuient et s'oublient mutuellement l'une l'autre; la viduité anticipée de tant d'époux trompés par les mœurs, délaissés par les lois; les sources premières de la force et de la prospérité des Etats taries et desséchées avant le temps, par les stériles calculs d'une prudence qui se trompe elle-même, et qui oublie la loi donnée sur la terre pour la gloire du Ciel, consacrée par la foi, avouée par la raison ; ces maux et tant d'autres dont la peinture exigeroit une plume moins foible, ces maux n'accusent-ils pas un principe de mort toujours subsistant, toujours croissant? Eh! dans quel temps néanmoins, vit-on plus de vertu s'unir sur le trône à plus de science? Quels tribunaux furent plus intègres, quels magistrats plus vigilans? Quels pasteurs des âmes donnèrent de meilleur cœur leur vie pour leurs brebis? Que nous manque-t-il donc, si ce n'est cette paternité qui, descendant du trône, pénètre par mille degrés jusqu'aux plus humbles chaumières, y porte l'image de sa bénignité tutélaire, y donne l'exemple d'une charité pure, y maintienne la paix et la joie qui naissent d'une subordination d'amour et de confiance? Les lois ont écrit les traditions d'une ancienne discipline conservée dans les familles; le royaume de Dieu est établi, et sa volonté faite.

Les ruines de deux royaumes célèbres divisés en eux-mêmes, en proie à une contagion juste effroi de leurs voisins, ces ruines, dis-je, qui seront sans honneur, apprendront peut-être un jour aux dépositaires malheureux de l'autorité divine à distinguer leurs amis naturels et nécessaires de ceux qui ne prennent ce nom que pour les séduire et les perdre. Demandez à l'expérience grossière d'un simple habitant de nos hameaux, si un domestique étranger, un mercenaire, qui ne soit pas de la famille, ne commence pas toujours par écarter les frères et les parens, les amis de la loi, plus sûrs et plus fidèles que ceux qui se disent de la nature, qui usurpent le nom du cœur? Cherchez maintenant, sous tant de décrets prétendus philosophiques, prétendus libéraux, sous tant de réclamations des droits de la nature que l'on n'entend pas, cherchez si vous ne trouverez point la rébellion d'une armée comblée des bienfaits de son souverain, le silence d'un peuple généreux et libre qui s'étoit montré si sensible à l'honneur de son nom, la stupeur de cette noblesse désarmée et sans force, séparée des siens, rendue foible pour défendre, après avoir été faite impuissante à opprimer ; demandez donc maintenant des auxiliaires à cette tribu de Lévi que vous avez déshéritée de ses tributs sacrés, privée de ses villes, restreinte et enchaînée dans sa liberté ; elle fournit elle-même des armes contre vous ; et des derniers rangs de sa milice sortent des esprits audacieux que vous lui avez ôté le pouvoir de contenir ; appellerez-vous à votre secours ces corps si redoutables aux ennemis de toute subordination, ces hommes qui se vouent à une obéissance si entière pour pouvoir combattre, à armes égales, l'obéissance terrible des nouveaux assassins du Vieux de la Montagne; ils s'étoient présentés lorsque vous pouviez les recevoir; mais vos ministres veulent qu'on n'obéisse qu'à eux; vos ministres les avoient repoussés de Naples; et aujourd'hui vous n'avez plus même de ministres.

Faites des lois, ressuscitez des noms de colléges, appelez Brutiens et Lucaniens les descendans des guerriers que les Roger et les Robert ont menés plus loin sous des drapeaux normands que les Romains sous leurs aigles; les drapeaux de nos preux chevaliers étoient déposés, après la victoire, dans les abbayes de leurs duchés de Pouille et de Calabre; et sous les noms à moitié barbares de l'antique Ausonie, vous n'avez connu que les hauteurs et les dedains de la fierté romaine, qui vous prenoit pour auxiliaires et non pour citoyens.

Mais laissons ces graves questions qu'on ne doit pas traiter sans mission au jour de l'impression. Appelées par l'impérieuse loi de la nécessité, les légions autrichiennes soutiendront, non moins que l'honneur de leurs armes, la modération de leurs déclarations, la justice de leurs promesses. Nous détournerons de funestes présages; nous aimerons à croire que les chefs des nations, éclairés par l'expérience, conserveront cet équilibre, ouvrage si chèrement acheté, vaincront leurs propres victoires, et consommeront sur eux-mêmes le grand œuvre de la pacification de l'Europe, et le rétablissement de l'ordre. Le torrent s'écoulera; les terres dévastées recouvreront leur fertilité première; mais restera long-temps écrites dans l'appauvrissement des peuples et la désolation des familles, cette vérité qu'on méconnoît, qu'il ne faut pas mépriser ce qui a été avant nous; qu'il faut honorer les grands pour pouvoir conserver les rois. C'est un homme qui n'est pas grand, qui ne voudroit pas l'être, qui ne le pourroit pas (la nature seule les fait), c'est un homme qui ne leur demande rien, qui rend témoignage à la grandeur.

J'ai commencé avec vous, Monsieur, sur le ton d'une amitié qui n'a rien de simulé; l'amitié a aussi ses jeux, elle aimeroit aussi à corriger en riant. Pardonnez-moi ce mot; si j'en avois trouvé un autre, je ne l'eusse pas employé. Nous avons fait bien du chemin, et nous ne pouvons désormais nous entendre et nous réunir que dans le port salutaire d'une franchise réciproque. Comment nous seroit-il possible, à votre école, d'oublier cette mâle indépendance des opinions, ces beaux noms de patrie, d'égalité, de fraternité ; et de concorde ? vous les avez toujours à la bouche, et la providence pouvoit-elles les mettre dans des bouches plus éloquentes ? Et nous aussi, nous aimons cette liberté qui vous est si chère ! Nous avons retenu vos leçons ; elles nous ont rappelé celles de nos premiers ancêtres, affoiblies mais non perdues dans la suites des générations qui les ont suivies. Que nous manque-t-il donc pour nous entendre ? que demandent nos cœurs ? Ajoutez à toutes vos doctrines un nom, un signe de plus ; ne retranchez point des rudimens et des enseignemens de notre éducation sociale, la croix de Dieu que nos pères ont eue, et nous serons tous satisfaits et d'accords.

N'avons-nous pas tous le même père de famille ? et les ouvriers de la dernière heure ne reçoivent-ils pas, comme ceux de la première, le denier convenu ? N'avons-nous pas la même origine, n'avons-nous pas eu les mêmes vicissitudes ?

Epiro Hesperia quibus idem Dardanus auctor,
Atque idem casus unam faciamus utramque.

En vain les rivages sont-ils contraires et opposés ; une double médiation d'un art vainqueur de la nature nous réunit et nous enchaîne dans des liens communs, qui doivent nous être chers.

N'avez-vous pas plus près du faubourg que l'on diroit le vôtre le suprême médiateur de la société, ce Roi désiré qui ne nous a pas été donné en vain, et que nous connoîtrons tel qu'il est, quand nous nous serons montrés tels que nous devons être?

Unissez-vous avec nous, Monsieur, dans des actes sincères de foi; vous ne pourrez croire au bien sans l'espérer, vous ne voudriez pas que votre foi fût stérile et sans œuvres; si fragiles et si foibles nous-mêmes, le souvenir que nous garderons et la confession que nous nous ferons de nos fautes, ne nous laissera jamais le temps d'entendre celle des vôtres.

Nous sommes-nous éloignés du point d'où nous étions partis, de la direction de notre marche? non, Monsieur; vous avez conclu de quelques faits particuliers à des principes généraux; et nous aussi, nous avons conclu de ce que nous voyons à ce que nous ne voyons pas, des mœurs de certaines familles à celles de la société; vous avez conclu la honte, le désespoir et la mort (pardonnez-moi des conséquences effrayantes en leur rigoureuse vérité); et moi j'ai conclu l'innocence, la paix et la vie. Si ce monde ne devoit être qu'une illusion plus ou moins longue, que choisiroit-on entre ces deux manières de se séduire et de charmer un sommeil sans réveil? Mais nous ne pouvons demeurer dans cette mortelle indifférence, dernière plaie de la société non moins que de l'Eglise. Nous ne pouvons nous mépriser nous-mêmes ; et nos propres besoins, et ceux de nos frères nous forcent à nous connoître, à nous aimer, à nous conserver. Laissez-nous donc cette charité qui croit tout, qui espère tout, qui tolère tout, qui attend tout, qui attend jusqu'à la réforme même des doctrines d'un esprit qui s'en fait sa propre loi. Laissez-nous les derniers objets du culte de notre vénération; nous seroit-il permis de croire à la piété d'aucun grand, si nous pouvions mettre en question ce que vous avez posé en fait? Vous êtes grand vous-même, Monsieur, dans votre famille, vis-à-vis de ceux qui sont venus après vous, qui sont de vous.

J'ai l'honneur d'être, Monsieur, avec un sincère respect, votre très-humble et très-obéissant serviteur.

IMPRIMERIE DE LE NORMANT, RUE DE SEINE.

www.ingramcontent.com/pod-product-compliance
Ingram Content Group UK Ltd.
Pitfield, Milton Keynes, MK11 3LW, UK
UKHW020507230726
13925UKWH00005B/2106